AF388830

# VÉLOPOSTE

## NOUVELLE VOIE LOCOMOTIVE

### CHEMIN SUR CABLE-RAIL MOBILE

### EN FILS DE FER

PAR

## P. TOUBOULIC, DE BREST.

**PARIS**

**Chez BRETEAU, Libraire,**

PÉRISTYLE DE L'OPÉRA, RUE LE PELETIER.

1858

# LE VÉLOPOSTE

Le Véloposte est un chemin de fer flexible élevé à quelques pieds de terre.

Il se compose d'un Cable-Rail en fils de fer, semblable à ceux employés pour les ponts suspendus.

Ce Cable-Rail est posé, de deux cents mètres en deux cents mètres, plus ou moins selon l'occurence, sur des supports ou chevalets solides.

Ce cable, dans une position horizontale, reçoit un char ou wagon d'une forme appropriée, qui sort de son état de repos quand le Cable-Rail quitte son horizontalité.

L'horizontalité cesse quand le cable susdit est soulevé de manière à former un plan incliné sur lequel le char roule par sa propre pesanteur, avec une vélocité que l'on mesure par l'angle d'inclinaison. (1)

Pour quitter l'horizontalité, il faut donc que le

(1) Galilée a démontré scientifiquement les propriétés du plan incliné qui porte son nom. Les Montagnards de l'Hymalaya, des deux Amériques, emploient la corde inclinée pour le passage des cols de montagne et lieux infranchissables, sous le nom de *Tarabites*. Plusieurs ingénieurs se sont occupés de son application, utile au transport des matériaux. M. Touboulic est le premier qui ait combiné un système complet de locomotion, et fait porter quatre personnes à la fois dans des chars courant sur une ligne prolongée d'appareils. Il faisait ses premiers essais dans la colonnade du Louvre, en janvier 1827, quand il montait le relief du port de Brest, dans le Musée naval.

Cable-Rail soit soulevé par le moyen d'un Déniveleur, appareil chargé d'une force de réaction égale au poids du char et de son contenu, plus l'effort nécessaire pour obtenir l'amplitude voulue, soit pour monter une côte ou renouveler les plans de course successifs.

Le char est composé de deux roues à gorges : placées l'une devant l'autre, supportant, en contre bas, deux waggons ou caisses pouvant porter des voyageurs ou des marchandises.

Les roues sont à cheval sur le Cable-Rail.

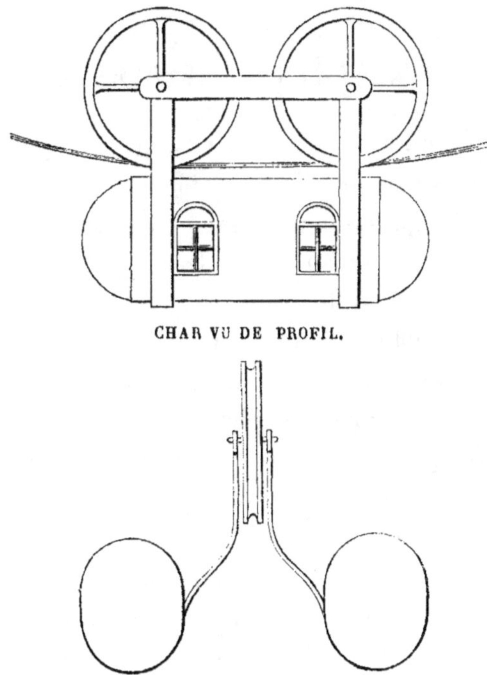

CHAR VU DE PROFIL.

CHAR VU DE FACE.

Le Véloposte peut décrire des courbes, changer de ligne, de direction, contourner un point au moyen d'un appareil le plus simple possible, nommé Contourneur. C'est un massif en fonte ou en maçonnerie, dont la crête est garnie d'une plaque en tôle sur laquelle le char continue sa course, en quittant le Cable—Rail, pour s'y arrêter si c'est une escale, ou pour changer la direction de sa course. On donne à ce Contourneur la courbe que l'on veut obtenir ; et à chaque extrémité se rattachent les câbles d'arrivée et de départ.

## AVANTAGES DU VÉLOPOSTE

Le Véloposte ne se contente pas de porter ses voyageurs sur des fils ou cables de fer trente fois plus forts, plus solides que ne l'exige le poids du char ; il ajoute encore, sous le Cable-Rail, un autre cable, dit de sûreté, destiné à rassurer les voyageurs contre tous dangers, dans le cas de passage de ravins, rivières, lacs, marais, etc., de manière à leur donner une sécurité complète.

Le Véloposte ne procédant que par des ascensions successives, quoique marchant sur des lignes horizontales, est conduit par l'augmentation des amplitudes produites par ses Déniveleurs ; à se jouer des pentes et à marcher en ligne directe, quelles que soient les déclivités du terrain.

Ainsi, avec ce nouveau système, *on monte, on des-cend les collines et les montagnes ; on traverse les fleuves, les ravins, les marais, les sables,* et l'on peut arriver à traverser des points infranchissables jusqu'à ce jour.

Le char peut s'arrêter à volonté, au moyen d'un frein qui saisit les deux roues à la fois, ou par l'élévation du Déniveleur qui précède sa course.

Le Véloposte n'a pas la prétention d'établir une rivalité avec les chemins de fer, mais il peut leur prêter un secours efficace en plusieurs cas, et augmenter considérablement leur bénéfice; il ne porte pas d'un seul jet des poids énormes comme le chemin de fer, mais il multiplie ses départs; les effectue de dix minutes en dix minutes : il offre l'agrément de l'ancienne poste, c'est-à-dire la société, la réunion des personnes intimes l'une avec l'autre, le choix des heures de départ et des lieux d'escales.

Combien ne servirait-il pas avec avantage les chemins de fer eux-mêmes, en leur apportant, sur leur ligne de parcours, les voyageurs et les produits des villes, bourgs, placés à de plus longues distances de leurs stations? il ferait taire les plaintes des contrées nombreuses de la France qui se croient abandonnées de l'autorité, car elles ne peuvent, faute d'écoulement facile et économique, faire valoir leurs productions naturelles et industrielles.

Cette considération humanitaire et de haute portée, très adoptable, quand on peut faire taire les plaintes en gagnant des millions, nous semble faite pour frapper les hommes de capacité et d'expérience qui sont à la tête des translations locomotives et des communications commerciales en tous genres.

L'établissement du Véloposte a l'avantage immense de n'affecter aucune *propriété* dans ses intérêts principaux : il n'oblige à aucuns grands travaux d'art, tels que *viaducs, tunnels*; à aucune *interruption* de communication de commune à commune, de propriété à propriété ; il abrège les distances, puisqu'il suit la ligne directe ; il transporte ses voyageurs sans bruit assourdissant, sans cahots, sans boue, sans poussière et sans dangers compromettant la vie.

Son matériel peut facilement se déplacer, dans le cas d'un changement de direction.

Sa construction, ses réparations peuvent s'effectuer par les ouvriers les plus ordinaires ; et toute sa mise en œuvre peut se faire sans recourir aux produits d'extraction étrangère.

L'économie, la célérité, la sécurité sont évidemment le mérite du Véloposte. Il est dans les conditions véritables par la simplicité, l'économie, la facilité de son exécution, de satisfaire aux besoins des pays, qui pour activer leur exploitation, pensent à des voies de locomotion comme l'Égypte, l'Algérie, la Russie....

Le Véloposte Touboulic de Brest a été éprouvé,

expérimenté, il a *réussi complètement.* Cette expérimentation a eu lieu à Brest, en **1839**, devant les autorités *civiles*, *militaires*, *maritimes* et devant une population de *quarante mille âmes.* Elle a duré plus de trois mois : plus de huit cents personnes ont monté et remonté dans les chars et parcouru la ligne vélopostale établie sur les remparts du fort Bouguen, toutes de plus en plus satisfaites de la douceur et de la rapidité de la translation.

---

## CERTIFICAT DE LA PREMIÈRE EXPÉRIENCE PUBLIQUE.

Nous soussignés, certifions avoir assisté à l'une des expériences du Véloposte ou chemin suspendu inventé par M. Touboulic de Brest, et exécuté par lui dans le bois de Bordenave, dépendant du port, expériences qui ont été répétées chaque jour du 3 au 12 novembre courant; avoir vu un chariot à deux roues cannelées pesant 75 kilogrammes, parcourir dans l'espace de 42 à 50 secondes la ligne formée par trois cables; chaque cable était composé de quatre fils de fer, réunis par une légère tension, de 110 mètres chaque de longueur, raidis dans une proportion déterminée par des appareils nommés tendeurs, et soulevés succesivement par des balanciers ou déniveleurs qui, changeant les plans d'inclinaison déterminent son passage d'un cable sur le suivant.

Ce changement de plan avait lieu sans le secours de personne, par le poids seul d'un réacteur au moment où le chariot passait au-dessus du déniveleur, et opérait par son poids le départ d'une détente.

Ainsi ont été résolus, sous nos yeux, d'une manière satisfaisante, le problème d'une tension convenable des cables de suspension, celui de leur indépendance absolue, celui du dénivellement ou changement d'angle d'inclinaison des cables pour la locomotion; et enfin, le départ des déniveleurs par la seule action de la pesanteur du chariot, solutions qui conduisent à la réalisation d'une translation rapide, économique et facile d'un point à un autre. quelque éloignés qu'ils soient, avec la condition de force en rapport avec les charges à supporter et à faire mouvoir.

Brest, 15 octobre 1838, signés :

PAINCHANT, négociant ; — MALESCO DE KÉRAFGOUÉ, officier retraité ;—DE CHAMPEAUX, sous-commissaire de marine ;—ERHEL, pharmacien ; — CHOLLET, entreposeur des tabacs ; — RAPATEL, directeur des contributions indirectes ; — JOLIVET, docteur-médecin ; — OMNES, commis de marine ; — LEDONNÉ (Alexis), propriétaire ; — E. MIRIEL, commis de marine ; — PRENAT, commis principal de marine ; — LORRANS, propriétaire ; — A. BOUET, consul de Hollande ;—RAILLARD, conseiller municipal : — A. MERMOND, sous-directeur des subsistances de la marine ; —JARDIN, négociant ; E. PESANT, commis principal des subsistances ; — BROUSMICHE, adjoint maire de Brest ; — FLEURY, pharmacien ; — HAMON, secrétaire en chef de la mairie de Brest ; — BERSOLLE, lieutenant-colonel de la garde nationale ; — A. HUYOT, architecte ; — A. GUILHEM, receveur général des finances du Finistère ; — FLEURY, maire de la ville de Brest ; — JANIN, maréchal de camp, commandant le département du Finistère ; — MACÉ, directeur des subsistances de la marine ; — AUGER, professeur ; — HALLIGON, garde-magasin des subsistances ; — DESBORDES, percepteur des contributions ; — LESPERT, capitaine de corvette ; — D'UBRAGE, commissaire général de la marine ; — DANGUILLECOURT, commandant en second de l'école navale ; — GICQUEL DES TOUCHES, capitaine de vaisseau, directeur du port ; — KERVERSON, commis de marine ; — GRIVEL, vice-amiral, préfet maritime de l'arrondissement de Brest ; — BONIFACIO, sous-commissaire de la marine ; — DELCOUR, conseiller municipal; — COUPEVENT, commis de marine;—BOURGOIN, commis principal de marine ;—LEFEBVRE, chef de bataillon, sous-directeur de l'Artillerie ; — A. PROUX, rédacteur du journal l'*Armoricain* ; — BROU, directeur des postes ; —JULLOU, négociant ; — VRIGNAUD, contre-amiral, commandeur de la Légion-d'Honneur ; —PERRIER, consul de S. M. Britannique ;—DELPLANQUE, négociant ; — E. LEMOINE, lieutenant de vaisseau ; — LEFRANC, commissaire de marine retraité ; — LEGLEAU, docteur-médecin ; VILLENEUVE, directeur du Mont-de-Piété ; — J. LEMOINE, capitaine de vaisseau.

Vu pour légalisation des cinquante et une signatures apposées au présent certificat, en mairie à Brest, le 5 février 1839.

Le maire: Signé FLEURY.

Vu pour légalisation de la signature de M. Fleury, maire de Brest, apposée ci-dessus. — Brest, 5 février 1839.

*Le sous-préfet :* Signé, COCAGNE.

— Vu et certifié conforme à l'original qui a été représenté et immédiatement rendu. Brest, le 8 février 1839.

*Le sous-préfet :* Signé, COCAGNE.


### DEUXIÈME EXPÉRIENCE. — JUILLET 1839.

Depuis plusieurs jours, le nouveau système de transport de M. Touboulic, breveté sous le nom de Véloposte, était monté dans une propriété privée des environs de Brest, sur une longueur de 300 mètres, et était soumis à des essais de force, qui ont été poussés jusqu'à porter dans des nacelles, un poids de mille livres d'une limite à l'autre ; dans cet état la vitesse a été de trente-cinq secondes pour les 300 mètres de longueur, ce qui ferait neuf à dix lieues par heure. On a pu se convaincre de la force des appareils, du jeu facile de balanciers, qui s'abattaient majestueusement devant les chars abandonnés de la première limite, pour se relever aussitôt après leur passage, et leur prolonger l'impulsion jusqu'au second balancier qui opérait de même.

Quatre personnes placées dans d'élégantes nacelles ont ensemble parcouru toute la ligne. Beaucoup d'autres se sont succédées, et ont voulu jouir à plusieurs reprises de la douceur de cette voie aérienne.

La question du système Touboulic est donc complétement résolue, et le Véloposte est appelé à prendre rang dans les voies de circulation, entre lesquelles il se distinguera par sa vitesse, l'attrait, la douceur du transport et l'économie de sa construction.

*Armoricain,* journal de Brest, nº 930, samedi, 20 juillet 1839.


Mais comment, nous dira-t-on, cette invention, si curieuse et si heureusement applicable en tant de circonstances et à tant d'usages, n'a-t-elle pas été acceptée et n'est-elle pas en vigueur aujourd'hui ?

Voici la réponse qui doit être faite à cette objection qui paraît en effet sérieuse.

La fièvre des grandes entreprises commençait alors; d'énormes capitaux avaient été destinés à l'établissement des chemins de fer, les études étaient déjà faites sur les voies concédées. M. Touboulic comprit l'importance qu'allaient prendre d'aussi vastes entreprises. Homme de réflexion et de prévoyance, il sentit bien que le moment n'était pas venu de se risquer, en mettant l'humble et modeste Véloposte en regard avec l'immense appareil des nouvelles voies ferrées, et de leur succès certain. Il pensa que son locomoteur n'obtiendrait qu'un regard de dédain de la foule qui ne voit pas loin dans l'avenir et qui admire surtout les choses qui coûtent très cher. Il ne voulut point exposer en ce moment le sort du Véloposte qui, plus tard, pouvait être un moyen de salut pour les opulents chemins de fer eux-mêmes, *lorsqu'il deviendrait prouvé pour tout le monde*, que *l'équilibre financier est entraîné* hors de toute mesure en France, et que les onze douzièmes de sa surface ne peuvent profiter du bénéfice de la locomotion rapide (aujourd'hui nécessaire partout), et que les énormes frais du système des chemins de fer anglais ne permettent pas de continuer dans leurs embranchements nécessaires.

Personne n'a été en meilleure position que M. Touboulic pour établir le Véloposte sous Louis-Philippe, s'il n'eût voulu que gagner une grande fortune et faire beaucoup de bruit; mais il aima mieux attendre, sachant bien que les meilleures choses ne se produisent au jour, qu'à l'époque de leur maturité et de la volonté providentielle. D'ailleurs, qui s'étonnerait de voir des inventions utiles et magnifiques retardées ou négligées, lorsque *Fulton* n'a joui qu'à peine, à la fin de sa vie, du succès des navires à vapeur; lorsque *Sauvage* dont l'*hélice* est devenue européenne, est mort à peu près de faim et lorsque l'auteur du Véloposte lui-même a attendu *trente-cinq* ans l'acceptation aujourd'hui générale par la marine impériale, de sa *cloche à plongeur*, dite à carène, ordonnée à tous les bâtiments de l'État (1).

Mais le jour est venu où par suite des appréciations nouvelles et par suite des besoins nouveaux, on reconnaît qu'il n'y a pas assez de moyens économiques de transport, pour suffire à l'alimentation de ces grands fleuves de fer, et à l'écoulement des produits qui en sont éloignés ; or, c'est à présent que le Véloposte doit surgir, et que ses applications trop tardives entraîneront de grandes modifications dans le système locomotif, toutes à son avantage.

M. Touboulic a donc attendu *le jour de l'opportunité*.

(1) Voyez à la fin de cette brochure, dans la notice sur Touboulic, les nombreuses découvertes, inventions et travaux que lui doit la marine française.

Nous donnons ici comme complément nécessaire de l'histoire du Véloposte, le détail exact des frais de son exploitation.

---

## FRAIS D'EXPLOITATION.

| | |
|---|---|
| Frais d'établissement d'une lieue. . . . | 95,000 fr. 00 c. |
| Terrain et treillage. . . . . . . . . . | 15,000 » 00 » |
| Total. | 110,000 fr. 00 c. |
| En fixant l'amortissement à 5 0/0. . . . | 5,500 00 |
| L'entretien 5 0/0. . . . | 5,500 00 |
| L'intérêt du capital 5 0/0. . . . | 5,500 00 |
| On a pour dépense annuelle | 16,500 00 |
| Qui divisée par 365 jours, donne par jour | 44 fr. 00 c. |
| Plus, treize employés à 3 fr. 50 cent. . . | 45 00 |
| Ce qui porte la dépense journalière à | 89 00 |

## RECETTE.

Des appréciations approximatives, basées sur le transport de 600 personnes, en 10 heures, on obtient :

| | Recette brute | BÉNÉFICE | | Et déduction faite du 10e pour les contributions. |
|---|---|---|---|---|
| | | par jour | annuel | |
| Pour 600 personnes à 0,25 | 150 00 | 61 00 | 22,260 00 | 20,034 00 |
| à 0,30 | 180 00 | 91 00 | 35,215 00 | 31,694 00 |

La Société posséderait, au terme de vingt ans, tout le matériel et le terrain.

## AUTRE OBSERVATION IMPORTANTE.

Le lecteur remarquera que dans le calcul des bénéfices du Véloposte, on n'a nullement parlé du produit du transport des marchandises, dont le résultat est une augmentation considérable de revenus.

Un spécimen du Véloposte (modèle en petit) avec les perfectionnements qui lui ont été ajoutés par le dernier brevet de 1857 est établi dans un jardin particulier, à dix minutes de Paris, et servira à donner l'idée de tous les mouvements qu'opérera l'appareil en grand, et de tous les obstacles qu'il pourra vaincre.

## NOTICE SUR M. TOUBOULIC.

M. Touboulic, auteur du Véloposte, dont nous venons de faire la description, s'est depuis longtemps fait connaître par des œuvres remarquables.

Il a levé les plans et exécuté les reliefs des ports de Brest, Lorient et Rochefort qui attirent si vivement l'attention au Musée naval du Louvre.

Il a présenté en 1830 le plan d'un palais national pour des expositions permanentes des produits naturels et industriels de la France, qui avait fixé l'attention des ministres, des artistes et des industriels.

Il a doté la marine française (dont il dirigeait l'un

des ateliers, celui des instruments nautiques), *de bous-soles de relèvement de nuit*, — *d'habitacles de route et d'embarcations*, — *plomb de sonde*, — *d'axiomètres*, — *d'oscillomètres, de clinomètres perfectionnés* etc., et aussi d'une *cloche sous-marine*, dite à *carène*, qui a rendu à la marine des services si réels, qu'elle a valu à son auteur une récompense nationale de **8,000 fr.** payées par la marine.

Il est décoré de la Légion d'Honneur depuis **1821**, et a reçu des médailles aux expositions de **1834**, **1839**, **1842** et **1855**, et breveté pour inventions d'une *pompe à incendie portative*, **1808**; d'une *machine à plonger*, **1806**; d'une *rame axiale*, **1834**; du *vélo-poste*, **1839**; d'un *billard gyratoire* ou de famille, **1848**; d'une *boussole navigraphique*, **1855**.

---

Comme tout ici-bas tient à l'opportunité, nous pro-fitons de cette brochure pour exposer les propriétés de l'appareil sous-marin, appelé *cloche à carène* par la marine impériale.

# CLOCHE SOUS-MARINE

## POUR TRAVAILLER SOUS L'EAU,

*Appliquée réglementairement par la Marine Impériale,*

### Par P. TOUBOULIC,

Chevalier de la Légion d'Honneur.

---

Cet appareil, adopté après des expériences multipliées sur les vaisseaux de l'État; expériences constatées par des procès-verbaux de commissions et de commandants supérieurs, et, enfin, honorablement rémunérée par une récompense nationale de **8,000** fr., et depuis, encore perfectionné, sert à visiter, nettoyer, réparer la carène des bâtiments à flot, dans toutes ses parties submergées, à aveugler et boucher les voies d'eau, à visiter les robinets, prises d'eau, dégager les roues, les hélices et les gouvernails, souvent obstrués.

A rechercher des personnes, des objets tombés à la mer, à construire, visiter, réparer des travaux hydrauliques, à miner, à poser des pétards pour mines, sous l'eau.

A chercher des plantes marines, éponges, huîtres à perles. à emménager et visiter les huîtrières et parquets qui leur sont affectés, et enfin, s'appliquer aux opérations, aux recherches qui font aujourd'hui partie de la pisciculture maritime et fluviale.

Cet appareil, d'une capacité restreinte aux besoins pour lesquels on l'applique, est peu embarrassant, peu encombrant, il n'a besoin d'aucun accessoire, comme pompes et tuyaux à air. d'embarcations pour suivre ses mouvements. Le plongeur s'approvisionne lui-même d'air pur, non vicié par le passage dans des corps de pompe, des tuyaux infects de cuir ou de caoutchouc dont ces tuyaux à air étaient jadis confectionnés.

Le plongeur s'élève, s'abaisse à volonté, du fond de l'eau, s'échappe de sa cloche avec facilité, libre de tous ses mouvements, se porte à droite ou à gauche, parcoure toutes les lignes courbes de la carène du bâtiment.

Cet appareil est indispensable à tout bâtiment à voile ou à vapeur faisant le long cours, et même aux vapeurs de rivière, aux ports ayant des quais et des drômes, pour rechercher des personnes ou des objets tombés à l'eau, et aux établissements de pisciculture, parquets, etc.

Ce paragraphe d'un rapport au ministre de la marine, résume les propriétés de cet appareil :

« Je dois dire aussi que la cloche de M. Toubou-
» lic est d'une manœuvre fort simple et que des of-
» ficiers de tout grade et un grand nombre de ma-

» telots s'y sont fait descendre sans le moindre in-
» convénient, et s'y sont trouvés en position de voir
» et de travailler facilement. »

Le contre-amiral,

Commandant en chef la station des Antilles,

**A. DEMOGES.**

Sa valeur est de **400** francs.

On trouvera tous les renseignements, notices, ins-
tructions sur les inventions et perfectionnements dus
à M. Touboulic, à la même adresse que la notice du
Véloposte.

Paris. — Typog. d'Émile Allard, rue d'Enghien, 14.

TYPOGRAPHIE D'EMILE ALLARD, RUE D'ENGHIEN, 14.